उपहार

रत्ना कुमारी

लंबे समय से अपनी गृहस्थी में रमी रही, आज भी हूं। बीच-बीच में, कभी खाना बनाते, कभी बर्तन साफ करते, कुछ पंक्तियां दिमाग में अंकित सी होने लगतीं! कभी-कभी तो मैं उन्हें लिख लिया करती, कभी दिमाग में ही दफन कर देती! कविता लेखन की ज्यादा समझ न होने की वजह से एक हिचक सी बनी रही हमेशा!

पर भावनाओं की समझ थी और है मुझे अपनी इसी समझ पर मैंने कुछ कविताएं लिखी हैं और आज जब उनका संग्रह प्रकाशित होने जा रहा है, मुझे मेरी स्वर्गीया मां बहुत याद आ रही हैं।

मुझे मां शारदा के आशीर्वाद के साथ अपनी मां का आशीर्वाद भी महसूस होता है।

मेरा यह कविता संग्रह उन्हीं को सादर समर्पित!

क्रम-सूची

1. प्रार्थना

सुबह हुई और सबसे पहले,
छवि मैं तेरी देखूँ माँ ।
पहले नमन करूँ मैं तुमको ,
दुनियादारी फिर से माँ ।
मन-मंदिर में तुझे सजाऊँ,
घर संसार मैं फिर से माँ ।
कितने सारे नाम तुम्हारे,
कितने सारे काम तुम्हारे,
आँखें मूँद जब तुझको देखूँ,
रूप तुम्हारे कितने माँ ।
किसे निहारूँ, किसे पुकारूँ ?
एक से बढ कर सुंदर माँ ।
मुझे कभी ना कोई झंझट ?
शरण में हमेशा तेरी माँ ।
किधर-किधर से चक्र चलाओ ,
लीला तेरी अनोखी माँ ।
मैं संतान मूढमति तेरी,
तुम तो हो कल्याणी, माँ ।
आंसू रोके रुक न सके, तो
गिरे चरण में तेरी माँ ।
मै क्या चाहूं मैं, क्या माँगू ?
तुम्हें पता है मैं जो चाहूँ,
तो भी मैं इतना भर माँगू ,
ज्यों-ज्यों उमर बढे मेरी, बस,
भक्ति बढे, सद्बुद्धि हो माँ ।

2. माँ मैं कब भूली ?

माँ तो बस माँ होती है! मेरी माँ सीधी, सरल और प्यारी महिला थी। हमारा साथ उन्होंने समय से पहले छोड़ दिया! वे एक हिंदी की शिक्षिका थीं। वे रोज सुबह उठतीं, गुड़हल के ढेर सारे फूल तोड़ कर लातीं और अपने इष्ट को चढ़ाया करतीं। जब वे अंतिम यात्रा पर निकलीं तो ये ही पुष्प उन पर चढ़ाए गए थे! बेशक ये फूल मुझे माँ की ही याद दिलाते हैं और भी कितने पल-छिन ऐसे होते हैं जब माँ की याद जीवंत हो उठती हैं, यह कविता उन्हीं कुछ यादों में!

गुड़हल के सुंदर फूलों में
माँ, तुमको महसूस मैं करती!
इन नन्हें कोमल पौधों में,

मिट्टी की सोंधी खुशबू में,
माँ, तुमको महसूस मैं करती।

ईश्वर का जब भोग बनाऊं,
दिनकर को जब जल मैं चढ़ाऊं,
साँझ ढले ,जब दीप चढ़ाऊँ,
हिंदी की कोई पुस्तक देखूँ,
माँ, तुमको महसूस मैं करती।

कोई कहता है जब मुझसे,
है तेरी भाषा कुछ अच्छी,
तब माँ, मैं तुमको ही सुनती।
और कभी मैं खुद से कहती
अच्छे दिन जल्दी आएंगे,
तब माँ, मैं तुम को ही सुनती।
ब्रह्म मुहूर्त कभी जगूँ मैं,
गुन-गुन करती एक पराती
है मेरे कानों में आती।
तब माँ, मैं तुमको ही सुनती!

छठ, जितिया, तीज, चकचंदा,
होली और दीवाली हो जब,
माँ मैं तुमको देखा करती!
मेरे मन में जो छवि तेरी,
आँसू से अक्सर वो धुलती !
कैसे याद तुझे मैं करती?
मैं तुझको भूली ही नहीं माँ!

3. खुशबू

इस कविता में शब्द मेरे, पर भाव मेरी बेटी के हैं। किसी दिन उसने बताया था कि बाहर रहते हुए कहीं किसी रसोई से उठती छौंक की खुशबू उसे बचपन की दुनिया में ले जाती है और वह उन्हीं दिनों में खो जाती है! उसकी इस भावना को मैंने इस कविता के माध्यम से अभिव्यक्ति दी है।

❧❧❧

बिन फूलों के कैसी खुशबू ?
रोम-रोम मेरा खिल-खिल जाए!
बिन चंदन ये कैसी खुशबू?
मन उपवन मेरा महकाए!
इसमें बचपन की चंचलता
इसमें यौवन की मस्ती है
इससे प्यारी और न कोई
जन्नत से आती लगती है!
खुशबू है या कोई पहेली?
मन को है स्थिरता देती,
दूजे पल चंचलता देती,
मैं मन को बस थाम हूं लेती
बोलो माँ ये कैसी खुशबू?
ये मेरे बालों से आये?
या तेरे आँचल से आये?
या कोई मंदिर की खुशबू?
यह खशबू है भूख बढ़ाती,
यही मुझे फिर तृप्ति भी देती

खूब नयी और खूब पुरानी,
तेरे चौके से आती माँ।
मस्त-मदिर सी छौंक की खूशबू!

4. दुआ

छोटी सी कविता जो मेरे दिल के बेहद करीब है! जब मेरी बेटी आठवीं में पढ़ती थी तब मैंने उसे जन्म दिवस पर लिख कर दिया था!

❧❧❧

मेरी बेटी,
माँ की ममता अपने रब से,
हर दिन मांगे ढेर दुआएँ,
खुशियों से वो हर दिन, हर पल,
तेरी झोली भरता जाए!
तेरे होंठों फूल झरे और
चुन-चुन उनसे,
अपना आँचल भरती जाऊँ,
तेरी झोली, मेरा आँचल,
रिक्त कभी न होने पाए,
माँ की ममता अपने रब से
हर दिन मांगे ढेर दुआएँ!

5. उपहार

बहुत पहले जब मेरे बच्चे छोटे थे तो एक बार वे मदर्स-डे पर सुबह से ही सिर जोड़े सोच रहे थे कि माँ को कुछ उपहार दिया जाए। पैसे तो कम ही थे और पूरे खर्च करने की मंशा भी न थी। मुझे उनकी स्थिति पर अलग सा प्यार आ गया। फिर मैंने सब काम छोड़ कर इस कविता को लिखा था!

एक सलाह माँगें माँ तुमसे,
उलझन सुलझ न पाए हमसे,
हम बच्चे हैं छोटे-छोटे,
गुल्लक भी है थोड़ा छोटा!
आज मदर्स डे आया है फिर से,
हम उपहार सोचें कुछ ऐसे,
जो तेरे मन को भी भाये,
अपना गुल्लक भी बच जाये!
सोचो माँ कुछ तुम भी सोचो,
हमने माथा बहुत खपाया ,
पर उपहार समझ न आया,
इस उलझन ने बड़ा खपाया!
मैं सोचूं और सोचें जाऊँ,
और फिर उत्तर मिल ही जाये!
मुझे तुम्हारी खुशी चाहिए,
इक निश्छल सी हँसी चाहिए,
नहीं कोई बनावट जिसमें,
नहीं कोई दिखावट जिसमें,

जीने की जो ऊर्जा देती!
सर्दी में जो गर्मी देती!
तपती गर्मी ठंडक देती!
सबसे सुंदर प्यारी लगती!
मातृ दिवस या कोई और दिवस हो,
यही उपहार मुझे चाहिये!

6. उपहार दूसरा

अबकी तुम कुछ बड़ी हुई,
माँगू मैं उपहार दूसरा?
अब जो मदर्स डे आने वाला,
दिन गिनती रहती मैं उसका
केक कभी बनाया तुमने,
बड़े प्रेम से खाया मैंने,
मातृ दिवस वह खूब भला था।
याद आज भी खूब मुझे है।
कैसा उसमें स्वाद भरा था,
कैसा उसमें प्यार भरा था,
फिर से अबकी वो मिल जाता!
मन मेरा गदगद हो जाता!
मैं जानूँ, तुम क्या अब सोचो,
माँ, तुमने ये क्या है माँगा,
केक प्यार से मैं जो बनाऊँ,
स्वाद वही मैं कहां से लाऊँ?
खाने में मेरा हाथ है कच्चा,
सही अगर जो नहीं बना तो,
झट से तुम फिर ये कह डालो,
मुंह अपना तुम जरा बना लो,
मैंने क्या था तुमसे माँगा?
और तुमने कैसा ये बनाया,
दिल तेरा तो टूट ही जाये,
दिल मेरा भी तो टूटेगा!
चीज बहुत छोटी सी ये तो

इंतजार क्यों इतना करना?
एक अच्छा सा केक ढूंढ कर
आज ही तुमको भेजे देती!
बात ये छोटी नहीं समझना
चाह मेरी तुम जरा समझना,
माँग मेरी महसूस भी करना,
केक दूर से कहां है बनता?
माँग मानने को तुम मेरी
पास मेरे तो तुम होगी न!

7. मकान

बहुत समय पहले किसी दिन मैंने अपने पति के मन में मकान न हो पाने की वजह से निराशा देखी थी और सांत्वना स्वरूप इस कविता का जन्म हुआ।

क्यों सोचें, हम कहाँ रहेंगे?
तुम मेरे दिल में रह लेना,
मैं तेरे दिल में रह लूँगी।
बच्चों की क्यों चिंता करते,
उन्हें तो हम इस लायक बनाएँ,
लाखों दिलों में घर वो बनाएँ,
खड़े-खड़े इक दिन वो सोचें,
किस घर, ठहरे कहां से निकले!

हम-तुम गर एक साथ चले तो,
हम से जीत न पाये निराशा।
रूको जरा तुम, ठहरो क्षण भर!
सुंदर सा इक मकां मिला है।
अद्भुदत खूब बनावट इसकी,
अच्छी बड़ी सजावट इसकी,
इसको तो बनाया जिसने,
अव्वल एक वह निर्माता,
पर ठहरो, उपरी माला तो
थोडा बिगड़ा हुआ पड़ा है।
कितनी सारी गड़डम-गड़्डी,
खूब उधेडबुन हुआ पड़ा है!
थोड़ी मेहनत करनी होगी,
गंध बहुत ही भरी हुई,
मध्यम तल भी है कुछ गड़बड़
फूल-फैल सा गया हुआ!
जल्दी से सफाई है करनी,
कूड़ा-कड़कट भरा हुआ।
इसमे रहने में बेचैनी,
और थोड़ी ज्यादा खटपट!
नीचे का माला भी देखो
थोड़ा बिगड़ा हुआ पड़ा,
खूब मरम्मत करनी इसकी,
इसमें मेहनत खूब लगेगी,
ऐसे तुम क्यों देख रहे हो
यही मकां तो मिला हमें,
कहाँ कोई किराया लगता
यह तो बिल्कुल अपना है!
पर हम एसा क्योंकर सोचें ?

देनेवाला पल-पल, क्षण-क्षण,
इसका हिसाब दर्ज करे है,
कुछ साफ-सफाई करा लें हम,
थोड़ी रंग-रौगन करवा लें,
अपना घर हम चमका लें,
अंदर चमके, बाहर चमके,
थोड़ा प्यार बढाएं इससे,
थोड़ा नाज बढ़ा ले हम।
ऊपर वाले ने रहने को
सुंदर-सा जो शरीर दिया,
हम-तुम आओ इसे संभालें,
और हमे कब कहां है रहना,
ये तो वह संभाल ही लेगा।

8. दिन अनेकों

दे, न दे, सम्मान कोई,
दे, न दे, इनाम कोई,
खुद को ही सम्मान दे लें,
खुद को ही इनाम दे लें!
वक्त कुछ खुद ही को दें हम,
खूब मीठी एक लोरी,
खुद को ही गा कर सुनाएँ,
स्नेहसिक्त स्पर्श खुद को,
मुग्ध सी एक नजर खुद पर,
पंख अपने खोल खोजें,
अपना ही आकाश विस्तृत,
हौसला खुद ही बढ़ाये!
शक्ति हममें अतुल्य है जो ,
दूसरा कैसे वो तौले,
आज हम खुद ही ये जाने,
खुद से हर इक जंग जीतें!
सृष्टि सुंदर और अनोखी,
अपने अंदर हम समेटे,
उसका अब से ज्ञान कर लें,
दूसरों की क्यों हम सोचें?
एक दिन क्यों ? दिन अनेकों,
खुद पे हम अभिमान कर लें!

9. नाम

अपना नाम सुने भी महीनों बीत जाते हैं मुझे। अपना नाम और
पहचान खो जाने का दर्द हमेशा रहा मुझे।
लंबे समय के बाद किसी के मुंह से अपना नाम सुनकर इतना अच्छा
लगा कि बता नहीं सकती!

❦❦❦

कुछ क्षण पहले तो थी उदास!
किससे तेरी यूं हुई बात,
दिखती तुम इतनी खुश हो आज?
जिससे भी मेरी हुई बात,
जो भी मेरी हुई थी बात ,
मुझको इतना तो नहीं याद।
जाने कितने ही दिन के बाद,
सुना है मैंने अपना नाम,
संग उसमें प्यार भरा सम्मान!
ढेरों से दिन के बाद,
लिया किसी ने मेरा नाम,
मैं तो भूली थी अपना नाम!
जिस पर मुझको था कभी नाज!
समझा करती थी अपना ताज!
उसको मैं खोजूं दिन भर आज!
करना चाहूं मैं खुद को याद,
परिचय मुझसे करवाना आज,
डर को तुम मेरे मिटाना आज,
मेरे डर को तुम रखना राज,

नाम से मेरी कभी-कभी तुम,
मुझको दे देना आवाज!

नाम से मेरी कभी-कभी तुम,
मुझको दे देना आवाज!

10. नींद सुबह की

सुबह देर से उठने वाले कितने प्यारे-प्यारे बहाने बनाते हैं, यह इस कविता में बताया गया है!

तुम्हें तो बस उठने की जल्दी,
तुम क्या जानो नींद सुबह की?
दिन भर करते भागा-दौड़ी,
नींद रात की उसका प्रतिफल,
नींद सुबह की मिलती बोनस,
उस पर भी तो अपना हक है।
कहते हैं सब सुबह-सबेरे ,
इक शैतान है छुपकर आता।
इंसानों के पैर दबाता
भगवान उसका भला करेंगे,
अगर हमें इसका सुख लेना
नींद सुबह की पड़ती लेनी।
सोती रातें थकान है देती,
थकन उतारे नींद सुबह की।
कितनी सारी चिंता, उलझन,
रात की नींद पर रहती हावी।
नींद सुबह की मुक्त है सबसे,
अच्छी होती नींद सुबह की
नींद रात की हो भी अच्छी
नींद सुबह की ज्यादा अच्छी,
खोले रखूं खिड़की थोड़ी,

थोड़ी धूप यूं ही सिंक जाती,
तुम क्या जानो कितने सारे
सुख है देती नींद सुबह की।
नींद रात की कल थी कच्ची,
करवट लेते रात थी बीती।
थोड़ी नींद अभी भी बाकी,
पूरी करती नींद सुबह की,
सुबह का सपना पूरा होता,
बहुत जरूरी नींद सुबह की।
भाग्य हमारा थोड़ा कम जब,
नहीं है मिलती नींद सुबह की।

इक दिन तुम भी लेकर देखो,
अच्छी कितनी नींद सुबह की
तुम्हें तो बस जगने की जल्दी,
तुम क्या जानो नींद सुबह की।

11. सुबह उठोगे तो जानोगे

सुबह सबेरे उठना मेरा प्रिय काम है! इस समय कैसे सुख की अनुभूति होती है मैंने बताने की कोशिश की है!

सुबह उठोगे तो जानोगे,
क्या कुछ जो तुमने है खोया?
चाँद विदा लेता जब हमसे,
सूरज उग न पाए जब-तब,
गगन है हमसे कुछ-कुछ कहता।
धीरे-धीरे सूरज आता,
आहिस्ते-से पैर फैलाता।
सुबह उठोगे तो देखोगे
बचपन का वह रूप सुहाना।
सुबह-सबेरे उठ कर जानो,
सृष्टि सुगम, सुंदर सी रहती,
संदेशा ईश्वर का आता,
इसी समय कुछ जान सकें हम,
फिर तो सब उलझन हो जाती।
बारिश की थी सुबह आज जो,
इक छोटी-सी चिड़िया आयी,
भींगी पंख फुलाए बैठी,
गुमसुम खिड़की के कोने पर।
तुम भी सुकून कुछ उसका लेते,
और सुबह जो उठ जाते,
कितने सारे पल सुन्दर से

और अनोखी छटा थी कितनी,
सो कर तुमने जो खो डाले।
बारिश बीती ओर इक मौसम,
हरसिंगार का भी आया,
इन्द्रदेव ने चुन-चुन कितने,
फूल जमीं पर थे बिखराए।
सुबह उठोगे तो जानोगे,
उसकी सुरभि और सुषमा को।
क्षणिक मनोहर आभा इनकी,
थोड़ी सी, बस थोड़ी देरी
नैसर्गिक पल खो जाता है।
जाड़े का जो मौसम आया,
थोड़ा घर से बाहर निकलो,
कितनी सारी अमृत बूंदें
यूं ही जमीं पर बिखरी हैं।
गर्मी के दिन जब भी आते
सुबह सबेरे उठकर देखो,
कितनी शीतल हवा सुबह में
गर हवा नहीं फिर भी शीतलता,
फैली रहती कण-कण में।
जल्दी उठकर जी भर ऊर्जा,
इसी समय हम लिया करें।
दिन भर फिर कैसी है सुस्ती,
और कहां का आलस है।
रोज सुबह कुछ नया-नया सा,
पवन नयी है, गगन नया है,
सूरज की ये कान्ति नयी है,
धरती पर एक नयी चमक है,
और चिड़िया की नई है भाषा,

फूलों की खुशबू भी नई है,
उजियारी हरियाली नई है,
ईश्वर का संदेश नया है,
और गहरे जो जाकर देखें
हममें कुछ घट रहा नया है।
सुबह उठेंगे तो जानेंगे
हमने जो सो कर खोया है!

12. माँ तुम समझो

बढ़ते बच्चों की परेशानियां बहुत दर्द देती हैं हम माँ-बाप को भी! खास तौर से बेटियां बहुत संवेदनशील होती हैं! उनकी परेशानियां ज्यादा, उनके नखरे ज्यादा और हां समझदारी भी ज्यादा! कभी कभी मुझे महसूस होता था कि मेरी बेटी मुझे उससे ज़्यादा समझती है जितना कि मैं उसे समझती हूं? उलझनों के बीच लिखी गई एक कविता!

माँ तुम मुझको बहुत समझती,
फिर भी कुछ तुम समझ न पाती।

यकीं बहुत तुम मुझ पर करती,
पर कुछ -कुछ तुम नहीं भी करती ।
दोस्त बनी तुम मेरी, फिर भी,
कुछ तो तुम माँ ही रह जाती!

एसे कैसे काम चलेगा?
खीझ बहुत है मुझको आती!
मौन मेरा जो तुम्हें अखरता,
इसमे मैं मुझको हूं छुपाती
मौन मेरा जो मुखर हुआ तो
तुझ पर ही तो मैं फट जाती।
गोद तेरी तो मुझे है भाती,
सिर में मेरे इतनी उलझन,
तुम्हे ये लगती शायद भारी,
गोद तेरी कैसै मैं दुखाती?
यही शिकायत रहती तुमको,
गले मिली मैं, तुमसे फिर भी,
थोड़ी दूरी क्यों रह जाती?
मेरी मेहनत काम न आती,
दुआ तेरी भी रंग न लाती।
पल-पल मैं हूं टूट-सी जाती,
उम्मीदें तुमसे ही लेकर,
तुमको ही हूं मैं दे जाती,
इंतजार माँ मेरी करना।
खुशियों को दामन में समेटे
मैं आऊंगी भागी-भागी,
माँ तुम मुझको समझो उतना,
जितना मैं हूं तुम्हें समझती।

13. रीत बदलिए

घोर पारिवारिक कलह के बीच आंसू बहाते हुए मैंने यह कविता लिखी थी। पर लिखने के बाद अच्छा महसूस हुआ !

रीत बहुत अच्छी है फिर भी थोड़ी सी तो रीत बदलिए,
जीत रोशनी की है फिर भी थोड़ी सी तो जीत बदलिए।
अब जो दीवाली आने वाली कुछ तो पुरानी रीत बदलिए,
गूंज पटाखों की है बेसुरी, इसे जरा-सा ध्यान से सुनिए।
अबकी ताली की हो बारी, सुर ये अच्छी, हर कोई सुनिए,
गर धुएं की लगे जरूरत, बस थोड़ी सी हवन कीजिए।
अँधेरे को रौशन करने एक दीया ही काफी समझिए,
अच्छी-सी उजियारी चाहें, अपने अंदर ज्ञान को भरिए।
रंगोली की खूब सजावट, अब तो थोड़ी इसे बदलिए,
रंग खुशी की अपनी भरते, अब औरों की खुशियां भरिए ।
मिठाई की चलन है, मीठी थोड़ी ज्यादा इसको करिए,
अपने संग औरों के जीवन में, अबके इस मिठास को भरिए।
लक्ष्मी-गणेश की पूजा जरुरी, खूब भक्ति से इसको करिए,
बिसर गयी जो संस्कृति अपनी, फिर से याद इसे कर लीजिए।
एक अमावस काहे हो दीवाली, सब ही अमावस रौशन करिए,
थोड़ी सी कोशिश जो बढ़े, तो हर रात दीवाली करिए।
सुंदर है नजारा, नजर भी सुंदर, पर थोड़ी-सी इसे बदलिए,
समय हमें है कुछ कुछ कहता, कान लगा कर इसको सुनिए।
रीत बहुत है अच्छी फिर भी, थोड़ी सी तो रीत बदलिए।

14. मैं और मेरा

सबसे पहले मैं और मेरा,
फिर बाकी सारा संसार।
पहला ज्ञान अपना ही मुझको,
सच पहला मेरा हो मुझ से,
और सच्चाई मेरी मुझसे।
ईमान मेरा पहले हो मुझसे,
ईमानदारी मुझसे पहले!
विश्लेषण अपना ही पहले।
खुद को जानूं सबसे पहले,
बातें ज्यादा खुद से मेरी,
मुझसे ही उत्तर हो उनकी!

पहले देखूं भूल मैं मेरी!
पश्चाताप भी पहले मेरा,
मुझे सुधारूं सबसे पहले!
मान भी पहले मुझको मेरा,
और अपना सम्मान भी पहले।
खुदी को मानूँ सबसे पहले,
कर्तव्य भी पहले मेरा जानूँ ,
अधिकार भी मेरा जानूँ पहले,
कर्म मुझी का सबसे पहले!
ज्ञान मुझी को मेरा पहले,
खुद पर ही अभिमान हो पहला!
और सम्मान भी मेरा पहले,
सेवा खुद की सबसे पहले ,
खुशी भी अपनी सबसे पहले,
तन-मन मेरा सबसे पहले?
नजर में डालूँ खुद पर पहले,
मुझे संवारूं सबसे पहले,
गर्व मुझी पर सबसे पहले!
खुश जो मैं हूं सबसे पहले,
घर -परिवार मेरा खुश रहता,
फिर संसार मेरा खुश रहता!
और मुझे तो यही है लगता,
मुझे बनाने वाला भी खुश।

15. आपसे सीखा

माँ, तुममे है बड़ी आस्था,
ईश्वर को तुम बड़ा मानती।
पर मुझको अक्सर ये अखरता,
खुद से भी कुछ तर्क करो तुम,
अंधी भक्ति कहाँ से सीखी?
बेटी, जीवन जीने को है जरूरी,
खुद पर या ईश्वर पर आस्था।
बात बुरी तुमको क्यों लगती?
यह तो मैंने तेरी ही नानी से सीखा!
माँ, आटे दाल का अद्भुत व्यंजन,
तीखा ना चटपटा , पर उसमें,
स्वाद खास कुछ ज्यादा रहता,
सादी और ये बहुत अनोखी,
इसे बनाना कहाँ से सीखा?
है यह व्यंजन बहुत सरल सा,
पर मैनें इसको कब खाया?
न ही इसका नाम सुना।
इसे बनाना तेरी ही दादी से सीखा!
साड़ी पहनना मुश्किल थोड़ा,
तुमको यह कब कैसे आया?.
कैसे इसे संभाला करती?
माँ, क्या तुमको याद आज भी,
किसने तुमको ये कला सिखाई?
सच, साड़ी पहनना कठिन काम है,
मुझे कहाँ था ये भी आता?

फिर इक दिन ये सरल हो गया।
बेटी, यह मैंने तेरी ही बुआ से सीखा!
पापा है ये हरदम कहते,
पैसे तुमको काटा करते
इसकी कोई कद्र न जानो,
मांगे एक अगर तुमसे कोई,
तुम फिर उसको दो दे डालो!
आदत मेरी ये सही या गलत है,
मैं, अब तक तो समझ न पाई।
पर मुझसे तुम खफा क्यों होती?
ये तो मैंने तेरी ही मौसी से सीखा!
माँ, तुम हरदम हड़बड़ करती,
हड़बड़ में सब गड़बड़ करती!
हड़बड़ गड़बड़ गड़बड़ हड़बड़,
हरदम सबकुछ गड़बड़ करती
माँ, ये तुमने कहाँ से सीखा?
ये तै है इक ऐसी आदत ,
रहती जिससे मैं भी परेशां,
इसका नहीं कोई उत्तरदाई
यह तो मैनें खुद से ही सीखा!
माँ, तुम मुझको हरदम कहती,
बिन मतलब नाराज मैं होती!
छोटी और बेमतलब बातें
मुंह अपना फुलाए लेती,
बुरा बहुत जो तुमको लगता!
इसका उत्तर माँ मुझे खुद से पता है,
आँखों में एक अजब चमक और
होंठों पर भी हंसी शरारत की आई,
बोली वह, " ये तो मैनें मेरी ही मम्मी से सीखा!"

16. पापा...आप

पापा,
साल के तीन सौ पैंसठ दिन आप याद करें हमको!
हमारे लिए क्या एक रविवार काफी है ?
आप से मिले हमें रोज कीमती नन्हे उपहार!
आपके लिए क्या कोई एक उपहार काफी है?
कर्मठ कर्मयोगी का पता पूछ रहा कोई,
आपका ही नाम-पता दे देना काफी है!
हमारी करते रहें आप परवाह हरदम,

अपनी नहीं करना नाइंसाफी है!
हमारे सपने बुनते रहें ताउम्र,
आपको अपना एक भी सपना ,
क्या याद आज भी बाकी है ?
हरदम जो खुश रहते आप,
है कौन सा खजाना जो होता नहीं खाली है?
आप ने जो बहाया इतना पसीना,
हमारा बहे तो होती क्यों इतनी परेशानी है?
जीवन पथ पर हम जो अडिग रहे,
अनुशासन आपका जिन्दादिली आपसे ही तो आयी है।
डाँटा बहुत आपने भी!
हमारी थोड़ी सी नादानी की बनती तो माफी है!
हम जो माँ को यूँ पुकारा करते,
माँ को भी तो संभाला आपने ,
उसका तो हिसाब अभी बाकी है!
जैसे हम आपके लिए सर्वोपरि,
जैसे हम आपके लिए सबसे कीमती,
वैसे ही रहेंगे आप हमारे लिए सबसे ऊपर,
आपकी खुशियां बेशकीमती!
आप रहेंगे सबसे प्यारे!
आपके लिए तो कोई भी उपहार नाकाफी है।

17. पहली बारिश

बहुत प्रतीक्षित पहली बारिश,
बूंदों में वह नशा कहाँ है,
हम भी, तुम भी, साथ यहाँ है।
पर बूंदों में वह नशा कहां है?
बारिश आई, लेकिन खुशियां,
ढूँढ रहीं मदिरा का प्याला।
तुम कहते हो बुरी है मदिरा,
मदिरा बिन ये कैसी बारिश?
और काहे बूंदों का नशा है,
मेंढक-झींगुर खूब हैं गाते,
उन्हें कहाँ मदिरा की समझ है?
मदिरा बिन ये कैसी बारिश,
और काहे बूंदों का नशा है?
सावन भादो मुझे न देना,
पहली बारिश तो दिलवा दो।
मदिरा बिन ये कैसी बारिश,
और काहे बूंदों का नशा है?
काली रात ये सुंदर लगती,
फिर भी इसमें नशा नहीं है,
चुपके - चुपके, चोरी - चोरी,
थोड़ी सी मदिरा दिलवा दो।
आया सपना एक नशीला,
देवराज ने सभा बिठाई,
सोमरस वो पान कर रहे,
हमको भी वो दान कर रहे।

सपने में ही नशा चढ़ा है,
पहली बारिश बने नशीली,
थोड़ी सी मदिरा दिलवा दो।

18. मैं कब अकेली?

कहां और मैं कब अकेली?
मेरी रचना की है जिसने,
स्नेह अपरिमित भरा है जिनमें,
सर पे मेरे हाथ उनका!
हर घड़ी है साथ उनका!
मेरे अपने खूब सारे!
लगते मुझको खूब न्यारे!
संग मेरे ही तो रहता!
मुझको जो महसूस होता!
मौन सा आशीष कोई,
दुआ सुनूं हरदम मैं कोई,
हर जगह महसूस होता!
कोई मेरे साथ चलता!
हर दिन मेरे गिर्द चलती,
खनकती वाणी किसी की,
महकती खुशबू किसी की!
मौन ही चिंता किसी की!
दिन के चारों ही प्रहर में,
संग ही रहते मेरे अपने,
कानों में मेरे वे कहते,
नहीं तुम पल भर अकेली!
सच कहा मैं कब अकेली?

19. देवदूत

धरती पर तुम हो देवदूत।
शालीन बहुत, विनम्र बहुत,
वाणी में लिपटी शहद और
कलम में बसती जिंदगी।
प्रश्न पुराना,
हमसे ईश्वर या
ईश्वर से हम ?
डॉक्टर मरीज से या
डॉक्टर से मरीज ?
मरीज तो मर्ज से पर
जिंदा तो तुमसे ही,
रिश्ता तो वही,
हम और ईश्वर,
ईश्वर और हम,
जीवन इनका समर्पित।
कर्म क्षेत्र बीमार जैसा,
इनको भी बीमार करता।
प्रभा मंडल यूं तुम्हारा,
सिद्ध योगी के ही जैसा।
चाहे कोई उम्र हो और,
हो स्त्री या पुरुष तुम,
तुम कभी तुम नहीं,
तुम तो बस आप ही हो।
मोल हो इलाज का पर,
खुशी का है मोल कोई ?

और जीवन दान का तो
मूल्य कोई भी नहीं है।
आप से तो जिंदगी है,
आपसे मिलना न चाहे,
आपसे मिलना जरूरी,
आपसे मिलते ही रहते,
असफल कभी जो आप होते,
देव नहीं देवदूत ठहरे।
प्रश्न दुबारा ,
पहले ईश्वर या पहले आप ?
किसे नमन करें पहले हम ?
किसका आभार करें पहले हम ?
नजरों से तो दिखें आप ही,
आभारी सर्वप्रथम आपका
आपको हम दे ही तो क्या सकते ?
थोड़ा सा सम्मान बढ़ा दें
और दुआएं ढेरों दे दें।

20. थोड़ी-थोड़ी बेईमानी !

मीठे में ज्यों नमक जरूरी,
मानव जीवन में भी ऐसे,
बहुत जरूरी होती देखो,
बस थोड़ी-थोड़ी बेईमानी।
सही हो पकड़े
ऐसा कहीं तो नहीं लिखा है,
ऐसा किसी ने नहीं कहा है,
योगी ध्यानी सुने अगर तो,
मुझे कहीं कोई श्राप ही दे दे।
तो भी मेरा यही है कहना,
जीवन में है बहुत जरूरी,
हममें, तुममे, इसमें, उसमे,
बस थोड़ी-सी बेईमानी।
मुस्कानें गहरी हो जाएँ,
थोड़ी सी उर्जा आ जाये,
मन भी चमके, तन भी चमके,
नहीं बुरी है, मानो मेरी,
बस थोड़ी-सी बेईमानी।
मेरी बात बुरी क्यूँ लगती,
मुझे किसी ने नहीं कहा पर,
मैंने जीवन से सीखा है,
जीवन जीने को है जरूरी,
बस थोड़ी-सी बेईमानी।
रिश्तों को रिश्ता रहने दे,
अपनों को अपना रहने दे,

खुशियों को टिकता रहने दे,
सिर को है ऊंचा रहने दे,
बस थोड़ी-सी बेईमानी।
तुम न मानो, लोग न मानें,
फिर भी मेरा यही है कहना,
जीवन की है अपनी गरिमा,
इसका अपना-सा ही सुख है,
भला इसे क्यों स्वर्ग बनाना,
इस धरती के लिए जरूरी,
बस थोड़ी-सी बेईमानी।
गलत कहूं तो माफ करो तुम,
बेइमानी थोड़ी सी करें हम,
पर उपरवाले के दर पर,
नहीं है चलती, नहीं है करनी,
थोड़ी सी भी बेईमानी।
उसका अपना अलग गणित है,
उसकी अपनी ही है गिनती
थोड़ी सी पर उपर वाला
कितने ही जीरो बिठला दे
फिर कैसे भुगतान करें हम
वहां नहीं बिल्कुल ही चलेगी
थोड़ी-सी भी बेईमानी

आखिरी पृष्ठ

प्रिय पाठक,

इस पुस्तक में उपयोग की गई सभी चित्र गूगल इमेज से प्रेरणा लेकर तैयार किए गए हैं। इन चित्रों का उद्देश्य केवल आपकी कल्पना को दृश्य रूप में प्रस्तुत करना है।

सभी कविताएँ लेखिका द्वारा लिखित मौलिक रचनाएँ हैं। इन कविताओं का कॉपीराइट केवल लेखक के पास सुरक्षित है। किसी भी प्रकार की पुन: प्रकाशन, वितरण या व्यावसायिक उपयोग के लिए लेखक की अनुमति अनिवार्य है।

आपके समर्थन और सराहना के लिए धन्यवाद!

सादर,

रत्ना कुमारी

www.ingramcontent.com/pod-product-compliance
Lightning Source LLC
Chambersburg PA
CBHW031247130726

47988CB00008B/3280